AF329063

UN MOT

POUR LA SOLUTION

DU PROBLÈME SOCIAL

PAR

Eugène CARPENTIER.

> Aujourd'hui le but de tout gouvernement habile doit être de tendre par ses efforts à ce qu'on puisse dire bientôt : *Le triomphe du christianisme a détruit l'esclavage ; le triomphe de la révolution française a détruit le servage ; le triomphe des idées démocratiques a détruit le paupérisme.*
>
> (LOUIS-NAPOLÉON BONAPARTE, *Extinction du paupérisme.*)

Prix : 15 centimes.

PARIS : LEDOYEN, LIBRAIRE,

31, GALERIE VITRÉE, PALAIS-NATIONAL.

Septembre 1848.

Sommaire :

I. État de la question. — II. La loi du progrès. — III. Les deux écoles sociales : communisme et association, leurs dangers. — IV. Les deux termes du problème social. — V. La société satisfait à l'un des termes du problème ; cause du mal ; comment on peut la faire disparaître. — VI. Les colonies agricoles de Louis-Napoléon Bonaparte. — VII. Solution du problème social.

Paris. Imprimerie de L. Martinet, rue Jacob, 3o.

UN MOT

POUR LA SOLUTION

DU PROBLÈME SOCIAL.

I

La question du travail semble destinée à justi-
fier, depuis le 24 février, le reproche de mobilité
que les gouvernements étrangers adressent à la
nation française. Le lendemain de la révolution,
les quelques socialistes qui s'étaient emparés
du pouvoir essayèrent de mettre en application
leur système de réorganisation sociale : ils ne
rencontrèrent pas de contradicteurs. Tout le
monde semblait d'accord : il fallait refaire la société. Depuis lors, les fatales journées de juin

ont soufflé parmi nous leurs discordes sanglantes, et voilà que toutes ces aspirations socialistes ont disparu : on dirait que chacun s'était recouvert le visage d'un masque dont il s'est débarrassé aussitôt le péril éloigné.

Cependant, la question n'a pas changé : *dans l'état actuel de la société, y a-t-il quelque chose à faire?*

Evidemment oui. Les cris de misère poussés depuis tant d'années ne sont pas des plaintes factices : une nation entière ne donne pas une semblable comédie. Le mal est réel, grand, terrible : le révoquer en doute, c'est nier la lumière du jour. Je ne veux pas d'autre autorité, pour donner plus de valeur à mon affirmation, que celle qui est fournie, précisément, par les innombrables systèmes de réorganisation sociale qui se disputent en ce moment l'attention publique. Si le mal n'existait pas, proposerait-on un si grand nombre de remèdes pour le guérir? Non! les écrivains qui se tromperaient aussi grossièrement sur les besoins de notre époque, ne trouveraient ni acheteurs, ni lecteurs pour leurs publications : c'est le contraire qui arrive.

Puisque le mal social existe, il est de notre devoir, à tous, de nous employer à en rechercher les causes afin de les faire disparaître. L'indifférence de la société, en pareille matière, peut avoir, dans un avenir très prochain, des suites désastreuses, non seulement pour l'indépendance française, mais encore pour l'œuvre du progrès européen.

II

La meilleure organisation du travail, c'est qu'à la tête de la nation soient placés des hommes qui sympathisent sincèrement aux maux de leurs semblables : voilà ce que ne doivent pas perdre de vue ceux qui souffrent et qui attendent un soulagement à leurs souffrances. Ce n'est que par une longue suite d'années, par une série d'actes modifiés selon les nécessités de l'expérience, que, en fait de socialisme, on peut espérer créer quelque chose de salutaire et de durable. Croire qu'un système de société peut se produire parfait d'un seul jet, est une erreur grossière, quoique commune aujourd'hui.

C'est le propre de l'humanité de lutter, de chercher toujours la solution de son grand problème. Ce n'est qu'à cette condition qu'elle existe, qu'elle grandit, qu'elle s'élève : c'est là le progrès. C'est vouloir en détruire le germe, lorsqu'au moyen d'une nouvelle organisation sociale, où toute préoccupation de l'avenir disparaît, on s'efforce de supprimer cette grande lutte de l'esprit humain.

III

On peut répartir en deux écoles les sectes nombreuses qui se disputent aujourd'hui sur le terrain du socialisme. La première, que je nommerai : ÉCOLE DU MONOPOLE, voudrait que l'État fût propriétaire, non seulement de la terre, mais encore de l'industrie et qu'il fît lui-même la distribution du travail et de ses produits à chacun, selon ses aptitudes et ses besoins : c'est le Communisme pur. La seconde école paraît être la plus considérable, c'est du moins celle qui est le plus en faveur. On peut la désigner sous ce nom : ÉCOLE DE L'ASSOCIATION. Celle-ci veut supprimer les salaires et faire que les ouvriers, étant associés du fabricant, du capitaliste, aient une part dans les bénéfices.

Si l'*École de l'état monopoleur universel* venait à triompher, on verrait peu à peu disparaître la civilisation. L'humanité s'arrêterait tout à coup, dans son grand travail du progrès intellectuel, pour ne s'occuper qu'à produire les choses les plus indispensables à la vie. Un silence profond se ferait soudain sur la terre. Les hommes, ne luttant plus d'intelligence (le prix de la lutte ayant disparu) tomberaient dans l'atonie. Quelque chose ressemblant à un vaste couvent ne tarderait pas à s'organiser. L'homme privé de la liberté

individuelle ne vivrait plus que de la vie ani-
male.

L'*École de l'association* montre bien les vices
des théories de son adversaire ; mais elle ne s'a-
perçoit pas qu'elle tombe dans un danger plus
grand encore. Si les communistes, par la vie
uniforme, détruisent la civilisation, suppriment
le progrès, les défenseurs de l'association font,
de prime a bord, germer l'esclavage. En premier
lieu, ils commencent, comme les communistes,
par détruire la liberté individuelle en attachant
le travailleur à la fabrique, en supprimant dans
certains cas le salaire : *ce signe de l'indépendance
de l'ouvrier*. Vainement m'objecterait-on que le
travailleur a une part dans les bénéfices, je ré-
pondrai : Il n'a plus son indépendance. En effet,
qu'on prenne garde de s'y tromper, l'esclavage ne
consiste pas seulement dans le droit que le maî-
tre s'arroge *de vendre* son esclave ; il est par-
tout où l'homme est enchaîné au travail sans être
libre de ne pas faire ce travail, sans être libre
de porter ailleurs son intelligence et ses bras :
or, l'associé est privé de cette liberté.

IV

Une erreur commune aux deux écoles, que je
combats, c'est qu'elles s'obstinent à ne vouloir

envisager qu'un seul côté du problème social. Ces écoles posent cette question : *Trouver une organisation telle, de la société, que la misère n'existe plus.* Le problème, atténué de cette manière, est à peu près résolu par les deux écoles ; mais elles oublient l'une et l'autre complétement le second côté de la question, celui-ci : *Conserver la liberté en supprimant la misère.* Non seulement la liberté politique, la liberté de la pensée ; mais encore, mais surtout la liberté de l'individu ; cette liberté si chère, si utile à l'homme, dont il est en possession dès que la vie matérielle s'accomplit sans contrôle extérieur.

C'est parce qu'elles suppriment la liberté individuelle que les deux écoles rivales, en socialisme, n'ont fait jusqu'à présent que des progrès fort restreints ou éphémères ; et cela, malgré l'état de gêne et de misère générale qui, sous l'ancien gouvernement, rongeait la société entière et disposait tous les esprits à se laisser convaincre par les séductions du matérialisme de certains socialistes ; malgré aussi la Révolution de février qui, tout en augmentant cette gêne et cette misère, donna le pouvoir à quelques-uns des chefs des deux écoles. C'est que cette liberté individuelle dont je parle est une nécessité de la vie, une conquête des temps modernes, que l'humanité n'est en aucune façon disposée à se laisser ravir ; car, elle sait qu'alors, elle n'aurait plus raison d'être.

Il faut donc envisager la question sociale d'un

point de vue plus élevé que ne l'ont fait jusqu'à ce jour presque tous les socialistes modernes. En le résolvant, il faut satisfaire aux deux termes du problème : celui qui intéresse l'esprit, comme celui qui satisfait le corps.

V

La société actuelle, telle qu'elle est organisée, satisfait assez bien à l'un des termes du problème social : la liberté individuelle y existe ; c'est sur cette liberté que notre société est fondée. Le pouvoir qui essaie d'y porter atteinte est immédiatement frappé de mort : sa chute définitive n'est plus qu'une question de temps. Or, puisque la liberté individuelle, si nécessaire à l'homme, est la base de la société actuelle, gardons-nous donc de détruire cette société : bornons-nous à la perfectionner, en faisant disparaître les causes du mal qui la mine. Le problème sera dès lors complétement résolu !

Ces causes du mal qui sape la société par la base résident dans l'*abus* de la liberté individuelle : il faut donc détruire cet abus, tout en laissant intacte la liberté où il a son origine.

La concurrence industrielle et ouvrière est un des effets de la liberté ; cette double concurrence se produisant sans frein est l'abus de la liberté, c'est la cause première de la misère. En effet, le fabricant, pour soutenir la lutte, sans désavantage, est obligé de réduire les salaires dans des proportions démesurées ; cependant, il trouve toujours des bras qui acceptent son travail à n'importe quelles conditions pécuniaires, parce que les ouvriers, plus nombreux que ne le comporte l'état de la fabrication, même dans les temps de prospérité, se font entre eux une redoutable concurrence.

Ce que je dis là, ne doit pas prouver qu'il faille supprimer la concurrence comme une chose pernicieuse ; c'est tout le contraire : il faut seulement l'organiser. Cette organisation est des plus faciles puisque, pour la réaliser, il suffit de faire en sorte qu'il n'y ait jamais surabondance de bras sur le marché du travail. Je m'explique :

Le mal dont souffrent les classes ouvrières prend sa source, ai-je dit, dans le désordre de la concurrence qui oblige le fabricant à baisser les salaires ; puis le grand nombre de bras inoccupés vient forcer l'ouvrier à accepter la diminution qu'on lui propose, car il sait, s'il refuse, qu'un affamé est derrière lui, prêt à prendre sa place, seulement pour un morceau de pain !... Que faut-il faire pour qu'un tel état de choses n'existe pas, tout en laissant subsister la liberté de l'industrie, du travail, la liberté individuelle ; en un mot, en ne détruisant pas la société ?...

Il faut une organisation conçue de telle manière que les ouvriers sans ouvrage aient un lieu de refuge où , en travaillant , ils vivraient avec leurs familles jusqu'à ce que l'augmentation des travaux les rappelât dans leurs ateliers respectifs.

Il est bien entendu que le travail offert aux ouvriers, *en disponibilité*, ne peut être celui qu'ils font ordinairement ; car alors la question ne serait pas résolue : on l'aurait seulement déplacée ; ce qu'on donnerait aux uns, on l'ôterait aux autres : on tomberait ainsi dans l'absurdité anglaise des *Maisons de travail* ; c'est surtout ce qu'il faut éviter.

VI.

Le travail agricole seulement satisfait toutes les conditions exigées pour la solution du problème social : ce travail ne fait concurrence à aucune des industries des villes , ce qui est le point essentiel. Il est facile , chaque homme en est capable après un court apprentissage , c'est encore là une condition indispensable. L'homme qui vit et qui travaille aux champs améliore promptement sa santé , acquiert de nouvelles forces si les siennes sont épuisées, et le contentement, joint à la tranquillité qu'il éprouve, réagit sur son moral et le relève, si l'adversité l'a abattu. Ce travail est loin d'être avilissant, chose nécessaire; car il faut que l'homme du peuple ait de la dignité. Enfin, toutes les capa-

cités y trouvent de l'emploi , les travaux de l'a-
griculture étant très variés.

La nature du travail trouvée , il ne s'agit plus
maintenant que de savoir en quel lieu on en
établirait le siége ; où l'on pourrait trouver des
terres assez vastes pour recevoir, avec leurs familles, tous les ouvriers qui chôment et ceux qui
n'ont qu'un salaire insuffisant. Comment on fon-
derait des établissements agricoles, assez voisins
des centres de populations industrielles, pour que
chaque fois qu'un grand nombre d'ouvriers seraient sans travail ils puissent y trouver promptement un abri ; et pour que toutes les fois que
les fabriques reprendraient plus d'activité, les travailleurs, dont elles auraient besoin, aient la fa-
cilité de s'y rendre sans retard. Enfin , il fau-
drait une organisation libérale réglant tous ces
travaux, tous ces mouvements.

Ce serait une admirable chose, si on parvenait
à réaliser ce que je viens d'exposer. On jouirait
d'un beau spectacle : chaque homme en France se
trouverait libre et à l'abri du besoin. Dans les plus
mauvais jours , il pourrait attendre, sans priva-
tions, le moment où le travail dont il est capable
lui serait payé suffisamment pour qu'il puisse
vivre avec sa famille et s'assurer encore des
ressources qui lui ménageraient une douce et
tranquille vieillesse ! Celui qui résoudrait ce
problème aurait bien mérité de la patrie.

Or, c'est précisément ce qu'on réaliserait, si
on mettait en application le projet que Louis-

Napoléon Bonaparte a exposé dans son traité de l'*Extinction du paupérisme* (1).

VII

Par la création des colonies agricoles, proposées par Louis-Napoléon, l'homme aurait donc la vie matérielle assurée. Le travailleur, libre désormais, ne se trouverait plus placé entre cette dure alternative : *travailler pour un morceau de pain, ou mourir de faim !* Il pourrait poser ses conditions; si on les lui refusait, eh bien ! il saurait où, avec sa famille, il vivrait en attendant que la fabrique reprenant plus d'activité, un salaire suffisant lui serait offert.

Et qu'on ne dise pas qu'avec une telle organisation on aurait à redouter l'exagération des salaires. Non ! qu'on ne dise pas cela; car il me serait alors facile de prouver que l'ouvrier n'ayant dans les colonies agricoles que le nécessaire *bien juste*, dès que les salaires de l'industrie lui permettraient, à ce *nécessaire* donné par la colonie, d'ajouter un peu de superflu, il se hâterait de quitter l'agriculture pour retourner dans l'industrie.

Les salaires étant relevés, les dépenses et les

(1) Un volume in-32. Prix : 50 centimes. En vente chez Pagnerre, rue de Seine, 14 bis, à Paris.

économies seraient plus considérables. Ce double fait donnerait lieu immédiatement à un double résultat. Les dépenses de chaque ouvrier augmentant, le commerce et l'industrie prendraient de l'extension ; les économies s'accroissant aussi, un plus grand nombre de travailleurs pourraient devenir fabricants à leur tour : chose importante à obtenir si l'on veut que, sans cesse, soient comblés, dans les classes moyennes, les vides qu'y laissent d'un côté ceux qui s'enrichissent, de l'autre côté ceux, bien plus nombreux, qui se ruinent.

Ce n'est que par la création des colonies agricoles de refuge, je le répète, que l'on peut arriver à de semblables résultats. Car tout le mal qui existe aujourd'hui ne provient, on ne saurait trop le dire, que d'une seule cause : l'excès des bras disponibles dans certains métiers.

Ce n'est pas en réglant les salaires qu'on apportera un remède à la détresse des travailleurs. Un salaire *minimum* ne donnera pas de l'ouvrage à 50 ouvriers s'il n'y en a que pour 40 : que feront les dix autres ? comment vivront-ils en attendant qu'on puisse les employer ? En réglant les salaires on ne ferait donc que de l'arbitraire sans rien résoudre. En créant des ateliers nationaux, on ne ferait que déplacer la question et désorganiser le travail. Pour sortir de ce dédale, de ce cercle vicieux, il faut adopter les idées de Louis-Napoléon, il faut transformer, au profit des travailleurs , en colonies agricoles les *neuf millions d'hectares* de terre qui dans tous les départements de la France ne sont pas encore mis en culture.

Si les hommes du nouveau monde officiel voulaient faire taire un moment leurs petites jalousies contre Louis-Napoléon ; s'ils exécutaient son projet de colonies agricoles, *organisé ainsi qu'il le propose*, la misère disparaîtrait, l'industrie prendrait un essor inouï : le problème social serait résolu ; la société se verrait délivrée des inquiétudes que lui font concevoir, sur sa propre existence, tous les faiseurs de systèmes sociaux. On pourrait répéter enfin , avec Louis-Napoléon, ces mots qu'il écrivit dans sa prison de Ham, et qui servent d'épigraphe à cet opuscule : « *Le* » *triomphe du christianisme a détruit l'escla-* » *vage ; le triomphe de la Révolution française a* » *détruit le servage ; le triomphe des idées dé-* » *mocratiques a détruit le paupérisme !* »

Paris , 15 septembre 1848.

EUGÈNE CARPENTIER,

11, quai Napoléon.

On trouve chez le même Libraire :

Causes des journées de Juin, par Eugène Carpentier. In-8.   50 cent.

Protestation, adressée aux membres du gouvernement provisoire, contre le maintien des lois de Septembre en ce qui concerne le timbre et le cautionnement des journaux, par Eugène Carpentier.—*Paris 3 mars 1848* (la suppression des lois de septembre est du 4 mars.) In-8.   25 cent.

Pour paraître prochainement :

Les futurs candidats à la présidence de la République, par Eugène Carpentier.

I. LAMARTINE. — II. LEDRU - ROLLIN. — III. CAVAIGNAC. — IV. LOUIS BLANC. — V. LOUIS-NAPOLÉON BONAPARTE, etc.